LA FRANCE

OU

L'ANGLETERRE?

VARIATIONS RUSSES

SUR

LE THÈME DE L'ATTENTAT DU 14 JANVIER.

PAR

ISCANDER.

(A. HERZEN.)

LONDRES

TRÜBNER ET Cᴵᴱ· PATERNOSTER ROW.

1858.

T. RICHARDS, 37, GREAT QUEEN STREET.

LA FRANCE OU L'ANGLETERRE ?

I.

Nous avons fait encore un pas en avant : les vieux vers la tombe, les jeunes vers la virilité.

Encore une fois le vieux monde a été ébranlé d'une extrémité à l'autre ; de nouvelles fissures se sont ouvertes ; l'édifice séculaire a encore une fois craqué, et s'est de nouveau et de plus en plus affaissé, et tout cela parcequ'un enthousiaste, voyant le malheur de son pays, s'est avisé de jeter sous la voiture de l'homme qu'il en croyait coupable, une bombe fulminante qui ne l'a pas atteint.

A l'Angleterre elle-même le pied a glissé ; mais, heureusement, elle s'est redressée aussitôt.

Maintenant les journaux absolutistes ne parlent que d'une alliance ultra-monarchique contre l'Angleterre,—chose extrêmement naturelle et que l'on devait prévoir. On est allé jusqu'à présumer que dans cette conspiration despotique la Russie figurera à côté de la France. Nous ne le croyons pas, mais si cela était, ce serait une absurdité historique, qui, à elle seule, suffirait à montrer dans toute son étendue l'incapacité flagrante du gouvernement tel qu'il est aujourd'hui constitué en Russie.

Cette ligue contre l'Angleterre, qui est une nécessité de position, une conséquence logique pour les autres gouvernements du Continent, serait une faute pour la Russie. La Russie a été détournée de sa voie et traînée à la remorque par la réaction européenne ; cela est vrai ; mais la corde s'est brisée, et la Russie reprend maintenant son cours naturel.

Avant la guerre de Crimée, il y a quatre ans, nous disions :

"Le despotisme n'est pas du tout conservateur. Il ne l'est pas même en Russie. Le despotisme, c'est ce qu'il y a de plus corrosif, de plus délétère, de plus dissolvant. Quelquefois les peuples jeunes, cherchant à s'organiser, commencent par le despotisme, le traversent, s'en servent comme d'une dure éducation ; mais plus souvent ce sont les peuples retombés en enfance qui succombent sous le joug du despotisme.

"Le despotisme militaire, algérien ou caucasien, bonapartiste ou cosaque, une fois maître de l'Europe, sera nécessairement entraîné à une lutte acharnée contre la vieille société ; il ne pourra laisser exister les institutions libres, les droits indépendants, la civilisation habituée à la parole, la science habituée à l'analyse, l'industrie s'érigeant en puissance.

"Le despotisme, c'est la barbarie, c'est l'enterrement d'une civilisation decrépite, et quelquefois l'étable dans laquelle nait le *Sauveur*.

"Le monde européen, tel qu'il est, a fini sa tâche ; mais il nous semble qu'il pourrait finir plus honorablement sa carrière—passer à une autre forme d'existence non sans secousses, mais sans abaissement, sans degradation. Les conservateurs, comme tous les avares, ont eu surtout peur de l'*héritier* ; eh bien ! le vieillard sera étranglé nuitamment par des voleurs et des brigands.

"Après avoir bombardé Paris, déporté, emprisonné les ouvriers—on pensa que le danger était passé. Mais la mort est un Prothée. On la chasse comme ange de l'avenir—elle revient comme spectre du passé,—on la chasse comme République démocratique et sociale, elle revient comme Nicolas, Tzar de toutes les Russies, ou comme Napoléon, Tzar de France.

" L'un ou l'autre—ou les deux ensemble—achèveront la lutte.

" Pour lutter, il faut que son adversaire ne soit pas encore terrassé. Où est donc le dernier champ-clos, le dernier retranchement où la civilisation peut livrer une bataille, se défendre, au moins, contre les despotes ?

" A Paris ?—Non.

" Paris, comme Charles-Quint, a abdiqué de son vivant sa couronne révolutionnaire—un peu de gloire militaire et beaucoup de police suffiront pour maintenir l'ordre à Paris.

" Le champ-clos est à Londres.

" Tant que l'Angleterre libre et fière de ses droits, existe,—rien n'est fait définitivement pour la cause de la barbarie.

" Depuis le Dix Décembre 1848, la Russie et l'Autriche n'ont plus de haine contre Paris. Paris a perdu son prestige pour les rois, ils ne le craignent plus. Toute leur haine s'est portée contre l'Angleterre. Ils l'abhorrent, ils la détestent, ils voudraient la piller !

" Il y a en Europe des pays réactionnaires, mais non des pays conservateurs. L'Angleterre seule est conservatrice, et le *pourquoi* est tout clair : elle a quelque chose à conserver—*la liberté individuelle.*

" Mais ce seul mot résume tout ce qui est poursuivi, haï par les Bonaparte et les Nicholas.

" Et vous pensez qu'ils laisseront, eux vainqueurs, à douze heures de distance de Paris *esclave*,—Londres *libre*, Londres, foyer de la propagande et port ouvert à tout ce qui fuira les villes désertes et incendiées du Continent ? Car tout ce qui doit être sauvé et peüt l'être, au milieu de l'orgie de la destruction—sciences et arts, industrie et culture—tout cela sera nécessairement poussé en Angleterre.

" Cela suffit pour une guerre.

" Enfin le rêve du premier barbare moderne, de Napoléon le Grand, se réalisera.

" Quel plus grand malheur peut attendre l'Angleterre d'une Europe révolutionnaire, que du despotisme européen ? Les peuples ont assez à faire chez eux pour ne pas penser à des invasions.

" Ce n'est ni l'égoïsme, ni la cupidité qui empêchent les Anglais de voir cela clairement. Disons le franchement, c'est leur ignorance et la maudite routine des affaires qui rend ces hommes incapables de comprendre qu'on doit quelquefois marcher—non par des chemins battus, mais en se frayant une nouvelle route.

" Eh bien ! ceux qui ont des yeux et veulent pas les ouvrir, ceux-là sont dévoués aux dieux infernaux. Comment les sauver ?*

* *Le vieux monde et la Russie.* Lettre à W. Linton, Esq., par A. Herzen, pag. 22-25.

Depuis cette époque une révolution s'est opérée en Russie. Le Général Février—devenu traître, comme le disait le *Punch*—a lancé, avec plus de succès qu'Orsini, sa bombe d'Eupatoria, et, par un " heureux hasard", la couronne impériale est tombée sur la tête d'un monarque qui a compris qu'il était au bord d'un gouffre, vers lequel Nicolas avait attiré un peuple jeune et robuste,—gouffre d'abus, de vol, de désordre, d'arbitraire, où était menacée de se disloquer la machine immense de l'empire russe.

Alexandre II a vu qu'il n'y avait de salut que dans un grand travail intérieur, travail de développement, de réforme, qu'il a osé entamer.

Dans cette situation, quel intérêt peut-il avoir à soutenir le despotisme continental contre la liberté insulaire ?

Il est très concevable que le souverain d'une agglomération mécanique et forcée de parties hétérogènes, s'allie à Bonaparte, pour écraser de concert les derniers vestiges de toute indépendance. Si François Joseph ne le fait pas, c'est qu'il se méfie de Louis Napoléon à l'endroit de la question italienne. Cette politique, de la part de tous les monarques européens, est concevable; quoique, à vrai dire, ce complot de police œcuménique, vu l'état de parfaite prostration des peuples, ne soit qu'une affaire de luxe. Mais ils sont liés au sabot qu'ils ont mis à la grande roue de l'histoire, et ils ne peuvent s'en débarrasser.

La Russie, elle, n'a absolument rien à faire dans tout cela; la seule chance qu'elle y puisse courir, c'est de se heurter contre la borne et de se voir arrêtée dans sa nouvelle marche. Ce n'est pas par le mutisme, l'inquisition, les déportations, et le knout que les réformes peuvent s'accomplir.

La Russie est dans une position tout exceptionnelle. Elle n'appartient pas à l'Europe. Elle n'appartient pas à l'Asie. Un changement de dynastie en Chine n'implique pas une intervention de sa part. La chute de Bonaparte et l'avènement au trône de France de Baroche ou de Pélissier, ne pourrait ni affaiblir ni raffermir la puissance du Tzar. La Russie, en un mot, forme à elle seule une nouvelle partie du monde, qui se développe à sa manière, s'assimilant la civilisation occidentale par la couche supérieure, et restant parfaitement nationale à la base.

La tâche de Pierre I et de Catherine II est accomplie. Ils sacrifièrent tout, et en première ligne le bonheur du peuple, pour fonder l'Empire russe, pour organiser l'Etat fort, et pour en faire un Etat européen. Toujours ils s'efforcèrent de mêler la Russie aux questions de politique intérieure des Etats européens, et d'élargir l'influence diplomatique du nouvel empire. Il y entrait, outre la convoitise, un peu de l'amour propre des parvenus, et c'était avec ostentation qu'ils voulaient prendre part aux affaires des vieux aristocrates du Continent.

Et pourtant, malgré tout, l'empire moderne,

commençant par la négation de sa propre tradition, était une création du xviiième siècle. On y sentait le souffle de la révolution passant au dessus d'une nation écrasée et somnolente.

La solidarité d'un crime lia bientôt de plus en plus le gouvernement russe au despotisme le plus vieux en Europe, et au plus jeune de tous,—à l'Autriche et à la Prusse. Après le partage de la Pologne et les nouvelles " horribles" de la France révolutionnaire, Catherine II jéta franchement le masque du libéralisme, et apparut enfin, ce qu'elle était effectivement, une vieille Messaline sans cœur, une Lucrèce Borgia,—avec la lymphe allemande dans les veines.

Son fils, moins astucieux, reprit avec un mesquin pédantisme de caporal le rêve de sa mère, et se crut le protecteur des monarques. Paul I donna le spectacle hideux et ridicule d'un Don Quichotte couronné, opprimant tout, knoutant tout, avec rage, avec fureur. Il n'était pas même supportable pour les ci-devant mignons de Catherine.

Mais ce qui est assurément très remarquable, c'est que Catherine II et son fils n'eurent absolument rien de russe, rien de national. Le patriotisme frelaté de Catherine ne fut qu'une des armes dont elle se servit pour tuer le bon Holstinois, son mari. L'éducation cellulaire qu'elle donna à son fils-rival, à son fils—ennemi naturel de la mère, qui lui avait volé la couronne, en fit un Caspar-Hauser du palais impérial. C'était un produit artificiel et morbide des sérails d'hommes et des salles d'exercise. Pas un trait naturel de caractère russe dans ce Grand-maître de l'ordre de Malte.

Alexandre I, appelé à une grande lutte qui causa le réveil du peuple et commença une nouvelle époque, ne pouvait pas, et, ajoutons-le, ne voulait pas continuer le rôle de son père. Il était réservé à Nicolas de reprendre frénétiquement ce rôle. Chevalier de la triste figure,

lui aussi, il lutta trente ans avec un fantôme ;
mais malheureusement ses coups portaient sur
la poitrine *réelle* de ses sujets. Nicolas s'oc-
cupa, jour et nuit, pendant plus d'un quart
de siècle, à punir l'insurrection de 1825, et le
soulèvement de la Pologne de 1831. Sa manie,
sa folie de réaction, alla jusqu'à mettre, au mépris des traités, et comptant sur l'humilité de
l'Europe entière, la main sur des cités libres, et
à les offrir ensuite comme pourboire à l'Autriche.
Pour soutenir le principe de l'autocratie du plus
proche ennemi de la Russie, il fit une guerre
mortelle à un peuple ami, et lui-même, dit ensuite à Olmütz, en montrant la statue de Jean
Sobieski, " Nous sommes, lui et moi, les deux
Slaves les plus fous : nous avons sauvé l'Autriche !"

Pendant les trente ans que dura ce règne né-
faste, la Russie n'exista pour les autres peuples
que comme une brosse de baïonnettes qui se
hérissait au moindre souffle de liberté, au moindre

cri d'indépendance. Les deux cent mille baïonnettes prêtes à passer la frontière pour la sainte cause de l'ordre et de la police—comme les célèbres deux cent mille ouvriers de Paris qu'on faisait prendre part à chaque démonstration—étaient dans la bouche de tous les réactionnaires ; et dès qu'un micro-prince allemand était mécontent de ses deux ou trois braves bourgeois, il faisait dire par son premier ministre à ces pauvres diables de Schultze et de Müller, que les deux cent mille baïonnettes russes s'avançaient vers la frontière. Et derrière les baïonnettes, on voyait la figure sombre, boutonnée, de Nicolas, avec ses énormes bottes et son regard fauve, que le négrier Douglas a trouvé si doux.

Par ce chemin Nicolas est arrivé non seulement à faire haïr et détester le nom russe, mais encore à désorganiser complètement la Russie, à la réduire à cet état déplorable que nous avons très bien constaté pendant la guerre de Crimée.

Tous les vrais Russes bénissent la paix de Paris. Cette guerre et cette paix ont humilié la fiction impériale. L'hyperbole s'est dissoute en fumée, et la triste vérité a commencé à paraître s'élévant comme un reproche des ruines de Sébastopol.

Dès lors le paysan de la Mer Blanche sut, aussi bien que le Cosaque de la Mer Noire, que la Russie ne manquait ni de courage, ni de dévouement, ni de moyens, mais qu'on avait été battu parceque l'âme, l'organisation, le centre intelligent, *l'ordre* manquait. Oui, en tout opposé au citoyen Marc Caussidière, Nicolas avait fait *du désordre avec l'ordre.* Il s'en aperçut trop tard et en mourut de honte.

Il n'y avait que deux voies pour son fils.

Il pouvait devenir un persécuteur implacable, refouler encore plus la pensée et la parole, punir les larmes, arracher le dernier jeune homme à sa famille et l'envoyer se faire tuer, frapper de nouveaux coups sur le dos sanglant de son peuple, jetter des générations entières en Sibérie, et maintenir ainsi pendant quelques temps une tranquillité de *tetanus*, qui se terminerait par une explosion telle, que l'Empire éclaterait au milieu du chœur d'une Jacquerie universelle. Il ne l'a pas voulu.

Dès lors, la seconde route était toute tracée,—route de développement ; de réformes, d'émancipation ;—aussi le progrès qu'a fait la Russie dans les trois années du règne d'Alexandre II est-il immense. Tout commence à se mouvoir ; les muscles, raidis par la camisole de force, s'étendent. Les questions de la plus grande vitalité se posent. La Russie entre avec tranquillité dans une révolution économique.

Et l'on vient, au milieu de tout cela, nous parler d'une alliance Française, au nom du despotisme s'acharnant contre le seul refuge de l'indépendance, de la liberté!...mais cela n'a pas le sens commun.

Tout ce que vous voudrez, Sire, mais pas d'alliance avec Bonaparte.

Je n'ai pas la moindre intention de faire une attaque personnelle contre l'Empereur des Français,—loin de là : je l'envisage lui-même comme un instrument fatal ; je vois sur son front une marque tragique, un signe noir à travers les rayons rouges de sang de la gloire de son oncle.

Il est l'élu de la Mort,—son représentant.

Les Bonapartes—comme les Césars—ne sont pas des causes, mais des effets, des symptômes. Ce sont les tubercules sur les poumons d'une Rome lorsqu'elle a fait son temps. C'est une maladie de caducité, de marasme ; c'est la force de la crispation, l'énergie insensée de la fièvre.

Le Bonapartisme ne procède que par la mort. Sa gloire est toute de sang, toute de cadavre. Il n'a pas de force créatrice, pas d'activité productive ; il est éminemment stérile : tout ce qu'il a produit n'est qu'illusion, rêve : cela paraît, cela n'est pas ; ce sont des fantômes, des spectres :

empires, royaumes, dynasties, ducs, princes, maréchaux, frontières, alliances......attendez un quart-d'heure : tout cela n'existe pas ; ce sont des contours des nuages. Ce qui est réel, c'est la terre d'Espagne engraissée par les cadavres français ; ce sont les sables de l'Egypte parsemés d'ossements français ; ce sont les neiges de la Russie rougies par le sang français.

Le Bonapartisme, remarquez-le bien, n'a, comme le délire, ni but ni principe ; c'est une contradiction, un bal masqué. Quand il chante, il chante un non sens : " Partant pour la Syrie !"

Que voulait Napoléon ?—questionné par le naïf Las-Case, il n'a jamais pu formuler une réponse plausible ;—A quoi bon la campagne d'Egypte ?—L'Orient, c'est un beau piédestal, un fond de tableau magnifique. Et la guerre atroce d'Espagne ? Ah ! c'est que l'Empire, c'est la révolution couronnée ; c'est l'affranchissement des peuples. Ecoutez le poète du Bonapartisme :

> " Les nations, reines par nos conquêtes,
>   Ceignaient de fleurs le front de nos soldats."

Ceux qui s'évertuent à expliquer d'une manière raisonnable les orgies d'assassinat qui firent la gloire de la France au temps de l'Empire, ne trouvent rien de mieux que de dire que Napoléon faisait la guerre pour occuper les esprits en France. Y a-t-il quelque chose de plus cyniquement immorale, de plus monstrueux que cette explication ? Tuer des hommes pour distraire les autres ; anéantir des générations pour substituer, chez celles qui restent, aux idées du progrès social—des hallucinations de gloire sanguinaire, l'apothéose du carnage, et l'amour illimité—de la légion d'honneur ?

Oui, c'est le despotisme de la fin, de l'index. Métastase de la Révolution, il n'est que destructeur ; tuant ensemble et la Révolution et la tradition ; 89 par l'église, et l'église par 89 ; tuant enfin le suffrage universel par l'élu. Il inocule la mort. Il a failli perdre l'Angleterre par son attouchement : il n'y a pas de santé qui tienne contre une goutte de sang malade.

Prenez garde à vous, Sire, et ne mettez pas, par dépit et rancune contre un récent ennemi, la Russie—cette jeune et robuste paysanne— dans le lit d'un vieillard usé. Le David gaulois peut mourir sans elle.

Entre les deux alliances, l'alliance anglaise et l'alliance française, il n'y a, raisonnablement, pas à hésiter pour la Russie.

L'état dans lequel se trouve l'Occident n'a jamais été plus simple. Cette simplicité même est un signe alarmant. Tout ce qui est plein de nerfs, de sève, de vie, de force, est très-compliqué, très-embrouillé ; c'est ce que nous pouvons voir en examinant le pays le plus vivant, le plus vivace de l'Europe, l'Angleterre.

L'alternative de ces deux alliances est donc d'une clarté extraordinaire.

L'alliance française,—c'est la ligue du despotisme contre l'Angleterre ; c'est la guerre, le retour à la barbarie, le coup de grâce donné a l'Europe. Quel avertissement sinistre que la haine implacable, stupide, et heureusement impuissante, de Napoléon I pour l'Angleterre—c'est un des plus beaux titres de la fière Albion. L'instinct astucieux du grand condottiere lui disait bien que rien n'est stable pour le Césarisme tant que l'Angleterre existe indépendante de la France. Et c'est à cette œuvre de dissolution sociale dans la servitude, que la Russie, à peine éveillée à une nouvelle existence, irait prêter le secours de son bras. Elle couperait court aux réformes, remettrait les chaines aux paysans, écraserait les germes qui palpitent, ferait de ses champs un caravansérail de hordes disciplinées pour la destruction, et tout cela pour se ruer sur l'Europe, s'unir à d'autres hordes carnassières, et, tous ensemble, Kalmouks et Zouaves, se précipiter sur l'Angleterre, au cri de " Mort à la liberté !"

L'alliance avec l'Angleterre, au contraire, n'est

point une ligue contre la France. L'Angleterre n'attaque pas. Elle n'a plus cet héroïsme des chasseurs bibliques, des bandits du moyen-âge, des reitres et lansquenets de tous les temps. L'Angleterre aime la paix, parceque la paix c'est le grand loisir du travail. S'allier avec l'Angleterre, c'est donner à entendre que la Russie n'a rien à craindre de la liberté, qu'elle n'est solidaire de rien sur le continent. C'est arriver enfin à reconnaître, de part et d'autre, que les deux pays n'ont rien à se disputer et peuvent immensément s'entr'aider. N'est-il donc pas temps d'anéantir ce spectre illusoire d'une rivalité, qui n'a d'autre base que l'ignorance de la géographie? Peut-on, après la campagne de Crimée, sérieusement croire que la Russie ira entreprendre de vaincre des difficultés presqu'insurmontables pour pénétrer aux Indes ; et, après la promenade Baltique, peut-on penser que l'Angleterre entretiendra des flottes exclusivement pour empêcher la civilisation américaine d'entrer en Sibérie, par la seule voie possible—l'Amour ?—Mais ouvrez donc une carte.

Et ce n'est pas tout. L'Angleterre est l'unique, la seule école qui nous convienne. Grand peuple, avec une petite armée et de vastes conquêtes, elle nous déshabituera des uniformes, des parades, de la police, de l'arbitraire. Pays sans centralisation, sans bureaucratie, sans préfets, sans gendarmes, sans restriction de la presse, sans entraves au droit de réunion, sans révolutions, sans réaction : tout le contraire de la Russie et de la France. Et quel rôle que le sien ! Après la chute et la décadence du Continent, seule, debout, la tête haute, tranquille, pleine de sécurité, elle regarde, du milieu des vagues, le sabbat hideux, la danse macabre de la mort et des commissaires de police.

Oui, c'est encore, comme le dit le vieux Gaunt, "le diamant enchassé dans l'argent de la mer." Il commençait un peu à perdre de son eau, de son éclat ; mais on était tellement habitué au teint noirci par les siècles, de tout ce qui est Anglais, que la rouille du moyen-âge, semblable à la mousse qui couvre la bouteille, ne parlait pas seulement de la vieillesse, mais aussi de la force.

Il fallait cependant avoir eu un moment de terrible vertige pour se laisser entraîner, par de piètres faiseurs de coups-d'état à la Française, par de mauvais copistes de grands criminels, vers l'outrage fait à ses droits les plus précieux.

Je ne suis nullement Anglomane. Je suis tout simplement un Russe qui a abandonné sa patrie pour la liberté. Habitué aux voyages, je ne tiens nullement au degré de latitude ou de longitude. Ne prenant part à aucune conspiration, je n'étais en aucune façon menacé par la *loi sur le meurtre.....des libertés anglaises.* Et quand même...j'aurais pris ma presse sous le bras, et me serais embarqué pour New-York.

Mais, je l'avoue, après la première lecture de la loi sur la suspension de l'inviolabilité personnelle en Angleterre, mon cœur se serra. Je fus terrifié, abasourdi. C'est alors que je compris que *j'aimais l'Angleterre* !

Mais, pensais-je, sont-ils donc fous ? Est-ce qu'ils ne savent pas ce qu'ils votent ? Comment il suffira de deux espions, de deux parjures de profession, pour donner à la police le droit de fouiller la maison d'un Anglais, ce sanctuaire, ce " non me tangere", cette forteresse, pour le salut de laquelle le pays a souffert joueurs, banqueroutiers, prostituées, voleurs. . . que sais-je encore. Et maintenant on ouvre une porte basse pour les mouchards !

Le jury acquittera . . . c'est possible ; mais les papiers fouillés, les secrets de famille salis par la main des espions, et, par dessus le marché, la prison préventive ! Cette loi, à elle seule, était un coup-d'état, un 2 Décembre masqué, un suicide, un parricide véritable. Pour

punir *l'intention* d'un meurtre, on donnait par
derrière, un coup de couteau à la *Common law.*

Quels jours de malheurs avons-nous donc à
voir encore ? et quel triste existence que de
passer ainsi d'un enterrement à un autre. Le
deuil pour la France—comme les souliers de la
mère d'Hamlet—n'était pas encore usé, et déjà
on flairait l'encens funéraire d'un autre côté, et
on semblait entendre les sons lugubres du Re-
quiem :

" Dies iræ, dies illa,"

et, Juif errant, je me préparais à partir.

Mais l'Angleterre se releva.   Elle rejeta non-
seulement la loi, mais les conspirateurs.   Et ce ne
fut pas le Parlement seul qui se souleva.   Dans
les plus grandes cités et dans les moindres carre-
fours, sur les places publiques et près de l'âtre
de la famille, un cri d'indignation se fit entendre, traversant l'île d'un bout à l'autre ; et un
cri d'horreur vint le corroborer lorsque les Anglais virent la terre libre de leur patrie couverte

d'une vermine d'espions à moustaches, figures patibulaires des prostitués de l'ordre continental.

L'exaspération était telle que, dans les rues, les gamins poursuivaient tous les étrangers du cri de " *French spy !*" et cela avec accompagnement de grognements et quelquefois de boue.   Ils me l'ont crié, à moi.—Et comme, au fond du cœur, je les en ai remercié !

Un peuple qui sait haïr la police politique— est libre à perpétuité.   Ce n'est pas en vain que la reine Elisabeth nommait l'Angleterre *Commonwealth !*

II.

La Révolution est française. Le Socialisme, —son dernier mot et son idéal, a été élaboré par les penseurs français, au milieu des souffrances du prolétariat français.

Je ne veux pas dire que les prolétaires des autres pays aient moins souffert, ou que des penseurs d'autres nations n'aient eu des idées de régénération sociale très-prononcées.—Robert Owen est Anglais. Mais c'est en France que le prolétaire a non seulement souffert, mais en a eu conscience, et a compris que cela n'était pas seulement un grand malheur, mais aussi une grande iniquité. C'est en France que le Socialisme, de passion qu'il était du temps de Gracchus Babœuf, se fit religion avec St.

Simon, doctrine avec Fourier, philosophie avec Proudhon.

Y a-t-il là une raison suffisante pour conclure que la régénération sociale, annoncée en France, se réalisera aussi en France ?—Nous ne le pensons pas. Mais, nous nous hâtons de le dire, si cela n'est pas logiquement nécessaire, *cela peut être.* Cela dépend, en première ligne, de la manière dont la France sortira de la crise présente et de sa prostration actuelle.

Elle en sortira peut-être comme un phénix glorieux, transfigurée, rajeunie, et entraînant les vieillards du monde Romain à une troisième existence ; ou, c'est aussi possible—ne trouvant plus de forces régénératrices, elle fera de son programme un testament qu'elle laissera, comme sa dernière volonté de grand peuple, aux autres races, aux autres pays. Ainsi Jérusalem léguait l'Evangile au monde, ne se réservant que l'espérance éternelle de rebâtir demain le temple de Solomon !

Cette question est très grave, très difficile. Mais le doute est déjà un grand pas en avant, et l'affranchissement de la foi aveugle dans l'avenir révolutionnaire de la France, pourrait bien être le véritable commencement de cet avenir.

Nous n'avons pas à cette question de réponse toute faite. Nous ne tirons pas d'horoscopes. L'avenir est variable. La seule chose raisonnable que nous puissions faire, c'est de constater les conditions dans lesquelles une régénération sociale est possible pour une nation, et les crises, les catastrophes, les phases par lesquelles elle doit passer.

Or une grande autorité dans les palingénésies sociales a dit : Il faut mourir dans le vieil Adam, pour renaître dans le nouveau ; c'est par la fosse qu'on va à la résurrection : le baptême par l'eau (le changement d'étiquette—Monarchie, République) ne suffit pas.

A côté de ces paroles, il y a un exemple,

C'est la Rome des Césars passant par la mort pour devenir la Rome des Papes.

Rome faisait beaucoup de révolutions ; elle changeait souvent de peau ; mais avec Marius et Sylla, avec le Sénat et Jules César, avec Néron et Marc-Aurèle, elle restait la Rome antique. Devant le Christianisme le vieil édifice dût s'écrouler pour être rebâti. Il n'en resta pas pierre sur pierre. Tout passa par la mort, et en sortit transfiguré.

Au lieu des arcs de triomphe, attendant avec leur "Ave César" les légions victorieuses . . . des processions de moines allant s'agenouiller devant un gibet romain. Au lieu de l'aigle carnassier des Césars . . . l'Esprit saint sous la forme d'une colombe.

Lorsque Rome fut mûre pour la tombe, un homme vint, qui, possédant toute la culture antique, dit à ses concitoyens, à ces orgueilleux *Cives Romani*, qui ne s'estimaient qu'à cause de ce titre, " Allez . . . vos vertus sont, pour nous, des vices brillants. Notre sagesse est folie pour vous." Et il ne fut pas lapidé. Au contraire, on l'écouta avec stupeur et tristesse.

Dès lors il n'y avait plus d'accommodement possible. Il fallait exterminer les Chrétiens ou ensevelir la vieille Rome. Il n'y avait pas de *mezzo termine*. St. Augustin ou Julien l'Apostat, devait seul rester vainqueur.

La lutte dura des siècles. Siècles de misères et de souffrances sans bornes. Pendant ce temps le grand travail se faisait. Tandis que l'Empire, avili, en démence, rongé par la pourriture au centre, meurtri, roué de coups aux frontières, tombait en lambeaux—le prêtre, le moine, tranquilles, n'ayant rien à perdre, rien à enterrer, émancipés du culte traditionnel, continuaient leur propagande.

Si on ouvre les écrits des premiers pères de l'Eglise, on est tout étonné de trouver entre les *vieux* et les *nouveaux* Romains une différence complète. Pas de trace, chez ces derniers, de ce chauvinisme que rendait les citoyens de la ville éternelle si insolents envers les autres peuples ; pas de trace de cette jactance frivole qui portait les Romains à s'admirer comme le *grand peuple* de l'antiquité ; pas de trace de ce patriotisme avide et exclusif qui poussait les Romains à applaudir avec frénésie à chaque victoire et à tout pardonner aux Césars, pourvu qu'il y eût un peuple sanglant et égorgé à genoux devant les légions invincibles.

Væ victis! tout abandonne la cité impériale, la vieille Rome décrépite, et passe à l'ennemi. La pensée sérieuse, le génie poëtique, le talent fougueux et entrainant, tout se livre aux évêques et aux prêtres—ces anarchistes des premiers siècles. Rome n'a plus de grands auteurs ; elle n'a que des stylistes. La rhétorique emporte le fond. Les gens, n'ayant rien à dire, ne font que parler. Pour cacher l'absence de l'initiative, la pauvreté de la pensée, ils remplissent de fioritures l'immense vide qui pèse sur eux, comme un reproche, comme un remords. C'est au point que si le semi-laïque Apollonius Sidonius nous intéresse encore, c'est uniquement parcequ'il a décrit les mœurs de son temps, et que nous pouvons suivre, avec une excitation toute nerveuse, dans ses récits, les progrès de la mort, les convulsions d'une civilisation qui agonise.

Lorsqu'un peuple vise, dans ses paroles, à l'effet, parle par des phrases faites, et avec un étalage intempérant de grands mots, qui vous laissent froid comme glace, il est en pleine décadence, en plein Bas-Empire.

Les peuples de l'Orient qui, sans doute, peuvent aussi avoir, un jour, leur régénération, ne parlent, dans le lourd sommeil de leur enfance sénile, que par des exaggérations, et en remplaçant le sens par l'expression, et le sujet par des adjectifs...

Le Socialisme n'exige pas moins, d'une nation chrétienne, que le Christianisme n'exigeait de la Rome polythéiste. Il ne demande pas moins, au soldat, au bourgeois, au citoyen, que ne demandait l'homme sans pays, sans origine, humble et pauvre, prêtre vagabond et mendiant, au patricien conservateur—si orgueilleux avec ses clients et si servile avec l'Empereur—esprit fort en laticlave, qui baisait pieusement l'anneau portant l'effigie de César-Dieu.

La question que nous avons posée, n'est pas de savoir—si la *vieille France* a fait son temps. Cela est hors de doute. La question se pose plutôt dans les limites où Hamlet renfermait la sienne. Ce qui l'intéressait, ce n'était pas la mort, mais le rêve qui viendra après la mort.

Au point où en sont les choses, nous pouvons encore admettre le beau rêve de la transfiguration sociale. Mais le sommeil lourd du dépérissement devient de jour en jour plus probable; et, dans ce cas, la France entrerait insensiblement, peu-à-peu, sans secousse, et tout en gardant les formes extérieures de la vie et de la civilisation, dans l'ennuyeux *semper idem* de la vieillesse—vieillesse corrompue et servile, comme celle de Byzance, ou sèche, raide, grave, imposante par la forme et stationnaire par le fond, comme celle de l'Espagne.

Ce n'est pas exclusivement l'état actuel de la France qui rend possible cette hypothèse. Nous l'avons dit, Bonaparte est un effet, et non une cause. C'est le châtiment si l'on veut, mais la faute est ailleurs.

L'Empire ne durerait pas deux jours s'il ne trouvait un point d'appui quelconque dans le caractère français. Il correspond nécessairement à des éléments parfaitement nationaux. On dira tout ce qu'on voudra ; l'élection du 10 Décembre 1848 fut libre et populaire.

La France est belliqueuse, militaire. Elle aime l'étalage de la puissance, les mesures extraordinaires qui immolent l'individu à l'État, l'homme à l'idée. C'est plus qu'il n'en faut pour le Césarisme. Peut-on, au contraire, imaginer, par exemple, une Angleterre bonapartiste ?

On dit pourtant que depuis quelque temps un grand changement s'est opéré dans l'esprit populaire en France. La docilité passive indique en effet un travail intérieur ; mais nous avons peu de faits pour déterminer ce changement.

Il y a cependant un moyen très-simple d'apprécier le lot de Dieu et le lot de César en France ; le voici. Le régime abrutissant de l'Impérialisme est détesté ; car la France n'aime que la poësie du Bonapartisme et non sa prose. Après tout, il n'y a pas de pays au monde qui courbât la tête sous le joug par amour pour la tyrannie. Toute la différence consiste en ceci, qu'un peuple souffre l'esclavage, pour un plat de lentilles ou pour autre chose, tandis que tel autre peuple ne s'en accommoderait pour rien au monde. Or il y a une minorité de républicains, de socialistes qui protestent avec énergie contre l'oppression sous laquelle la France est écrasée.　Cette minorité doit nécessairement être contre tout ce qui peut corroborer la puissance de Bonaparte et des Janissaires qui le soutiennent.　C'est évident.

Il y a quelques jours tout le monde a entrevu la possibilité d'une guerre entre la France et l'Angleterre.

L'Angleterre maintenant avec fermeté sa liberté et le droit d'asile, " The Empire espionage*" du *Times* ne peut tolérer près de la France un reproche si vivant et si accablant; et, dès qu'il se sentira assez fort, Bonaparte fera la guerre à l'Angleterre.　Chacun à sa place en ferait autant.

Je voudrais savoir, maintenant, quelle partie de la minorité française fera des vœux pour le succès des hordes zouaves en Angleterre, et quelle autre regardera avec horreur cet attentat

* " The Empire is espionage, its incarnation is a mouchard."—*The Times*, 15th March, 1858.

contre la liberté menacée de mort dans le dernier coin de l'Europe, et applaudira aux Waterloo futurs ? Remarquez qu'il ne s'agit que de la minorité : quant à la majorité, on peut être sûr qu'elle verra avec enthousiasme l'humiliation de la *fière Albion.*

Eh bien, les hommes qui préfèrent la gloire militaire de leur patrie à la liberté, n'aiment pas la liberté. Ce sont des Romains de l'ancienne Rome, des braves de la grande armée ; ce sont les derniers Abencérages, les derniers Mohicans......tout ce que l'on voudra ; mais ce ne sont pas les hommes du nouveau monde.

On peut appliquer successivement cette épreuve à des séries de questions du même genre. Le résultat sera presque toujours le même.

La peau du vieil Adam tient d'autant plus fort qu'il ne s'en aperçoit pas. Le Français, convaincu qu'il est révolutionnaire et qu'il marche à l'avant-garde de l'humanité, n'a pas

de préoccupations. Il est content de lui-même,
et s'il a perdu son chemin, et revient sur ses
pas, il ne s'en rend pas compte. C'est juste-
ment ce qui nous fait penser que les Français
devraient entreprendre un grand travail de
remue-ménage intérieur, d'analyse psychiatrique.
Cela leur serait si facile, ayant parmi eux de
graves penseurs qui regardent, pleins d'amer-
tume, tout ce qui se passe. Mais on ne les
écoute pas. Ils sont trop peu patriotes, trop
peu dans la tradition révolutionnaire, trop
indépendants d'elle.

C'est là qu'est le mal : car c'est peu de renier
la France monarchique et féodale ;—elle n'existe
presque pas. Il faut s'émanciper de la France
de Béranger. C'est peu de ne pas sympathiser
avec la St. Barthélémy, il faut aussi ne pas
sympathiser avec les journées de Septembre.
C'est peu de ne pas vouloir se venger de Waterloo, il faut ne plus se complaire dans le
souvenir d'Austerlitz.

Heureusement, plus que pour tout autre peuple vieux dans l'histoire, il est facile pour la France d'entrer dans une autre phase, et c'est un immense avantage qu'elle a. L'Angleterre, par exemple, comme les énormes chataigniers de ses parcs, tient à son sol par des racines qui vont se ramifier et se perdre dans les profondeurs de la terre. Par un travail séculaire, elle a accumulé des richesses immenses ; l'alliage n'est pas séparé de l'or, et elle tremble de les séparer, craignant que le métal ne lui échappe. La France, au contraire, n'a rien de définitivement acquis. Elle n'a fait que secouer d'une main vigoureuse la poussière gothique et la poudre de Versailles, elle n'est pas entré dans un état normal depuis 89, et elle est encore en proie à toute l'agitation convulsive, à toute l'incohérence de la lutte qui a, déjà deux fois, abouti à une négation complète de tous les droits. Aimant l'émeute et la centralisation, dénuée de l'instinct de la liberté—et voulant

émanciper les autres peuples, intolérante au nom
de l'indépendance, la France n'est pas arrivée à
fixer les points cardinaux de son édifice social.
Ayant eu une coalition formidable à combattre,
distraite par la guerre, elle a perdu dans les vic-
toires toutes les acquisitions de 1789. Elle a
confondu la révolution avec la guerre, et ayant
une fois voilé la statue de la liberté, elle n'a
plus ôté le voile.

De génération en génération elle se lève, tient
ses assises, reprend son alphabet de droit, le
revise et puis l'oublie. Elle n'a pas de Credo de
Nicée adopté une fois pour toutes ; elle n'a pas
de *Common law ;* elle n'a pas de principes fon-
damentaux reconnus : non, rien de pareil. Les
Français recommencent chaque fois par le commencement. " Quels sont les droits imprescriptibles de l'homme ?—Est-ce que la liberté de la
presse est un droit imprescriptible ?—Est-ce que
le droit de réunion doit être garanti ?" Toutes
ces questions, impossibles en Angleterre depuis

Cromwell, en Amérique depuis Washington, sont posées en France à chaque changement de gouvernement.

Les solutions les plus eccentriques sont quelquefois données à ces questions primaires ; mais elles n'étonnent pas, et même on les accepte. " Oui, les hommes peuvent se réunir si leur nombre ne dépasse pas 21.—Non, ils ne peuvent pas se réunir si leur nombre dépasse 21." Sur ce arrive une révolution, et de nouveau : " Quels sont les droits imprescriptibles de l'homme ?—Est-ce que la liberté de la presse est un droit imprescriptible ?—Est-ce que le droit de réunion doit être garanti ?"—on change le dictionnaire, et le vieil ordre de choses renversé reparait aussitôt sous un autre costume. Cela me rappelle la farce qu'on jouait au Vaudeville, en 1848,— *La propriété c'est le vol.* Proudhon arrivait pour proclamer une nouvelle loi. Art. 1.—Les agents de change sont abolis. Art. II.—Les agents de change sont rétablis sous le nom d'agents d'échange.

Si on veut suivre le fil rouge qui passe à travers les *corsi e ricorsi* révolutionnaires, on trouvera un élément constant dans toutes les variations, même dans les plus contradictoires ; c'est le vieux péché romain—c'est le grand ennemi de la liberté—le *gouvernementalisme*, la réglementation d'en haut, l'imposition forcée par l'autorité. Chaque nuance qui arrive au pouvoir devient aussitôt Église, et—malheur aux schismatiques. Rien n'est laissé à l'individu ; ses croyances, ses vertus, ses convictions, tout est ordonné par l'État. Des idées philosophiques sont proclamées sous forme de loi civile. On reconnaît l'Être suprême par un décret. On oblige les gens à se tutoyer sous peine d'être suspects, et à être fraternels pour se mettre en règle avec la police. On intime l'ordre de croire à l'immortalité de l'âme...et ce n'est pas tout : on prend cela au sérieux ; on obéit, et on punit les réfractaires.

Quel amour effréné du pouvoir a dû se developper dans ces circonstances, et aussi quel profond mépris pour l'individu! Peut-on trouver étonnant que Louis XIV, ayant passé par le bonnet phrygien, soit devenu Napoléon.

Cet état de fluctuation, d'incertitude, de l'alphabet social ne peut plus durer. L'Empire est là, exterminant la pensée et l'aspiration, persécutant le regret et la douleur, écoutant aux portes et regardant par les fentes, corrompant, achetant, à prix d'argent et de croix d'honneur. Si on le laisse faire, chez un peuple qui n'a que des notions contradictoires sur le droit, pendant une ou deux générations, il sera peut-être trop tard pour la guérison.

D'un autre côté le despotisme centralisé est toujours prêt à s'écrouler. Ce que Caligula désirait pour Rome, s'est accompli à Paris,—la France n'a qu'une tête. L'Empire met tout en enjeu sur une seule carte, qui peut sauter par une dépêche d'Eupatoria, par une bombe d'Orsini, ou par le choléra du bon Dieu.—Et alors s'ouvre un champ immense.

Arrivée à ce point, la France peut-elle sortir —nouvelle Minerve toute armée de la tête fendue de cette larve qui l'enserre ?—Nous l'espérons. Mais, dans tous les cas, elle n'en sortira pas sans avoir passé par le purgatoire d'une éducation bien différente de celle qu'elle a reçue jusqu'à ce jour. Il faut abjurer ses vieux péchés ; il faut s'émanciper de la maison paternelle ou s'ensevelir sous ses ruines.

Cette éducation sera-t-elle longue ?

Rome eut besoin, pour se régénérer, de quatre siècles de Césarisme avant Constantin, et de quatre encore après. Mais avec un conducteur comme le César actuel, on est sûr de faire un chemin rapide. Et puis . . . . . *de nos jours, les morts vont vîte !*

20 *Mars* 1858. *Putney.*

*_** L'auteur promait de nous donner, dans quelques semaines, une ou deux autres variations. Ces articles seront publiés dans le journal russe le *Kolokol*, qui parait à Londres, tous les quinze jours, sous la rédaction de M. Iscander.